DU

SUFFRAGE UNIVERSEL

PAR

UN ÉLECTEUR

Qu'est le Tiers-État ? — Rien.
Que doit-il être ? — Tout.
Sieyès.

PRIX : 5o Centimes.

Paris

DENTU, LIBRAIRE-ÉDITEUR, PALAIS-ROYAL

MDCCCLXXI

QUE *si quelqu'un juge, au titre de cette brochure, qu'elle doive être ou banale ou inutile, qu'il la lise avant de se prononcer.*

Si elle devait communiquer à ceux qui la liront un amour du bien public égal à celui qui l'a inspirée, le plus grand désir de l'auteur serait de la savoir lue de tous les Français.

9 Juin 1871.

BLOIS. — IMPRIMERIE J. MARCHAND, RUE HAUTE, 2.

DU

SUFFRAGE UNIVERSEL

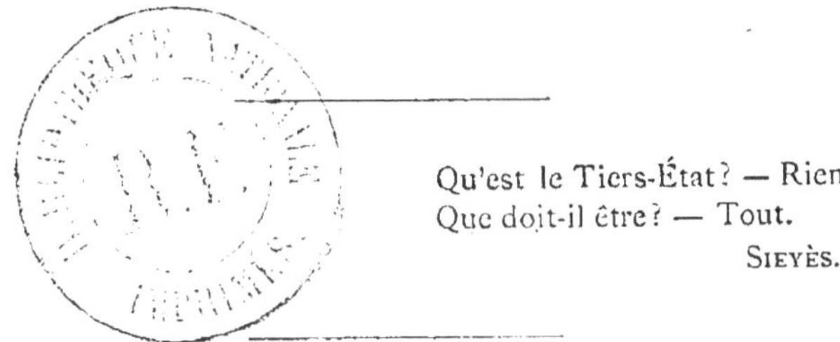

> Qu'est le Tiers-État? — Rien.
> Que doit-il être? — Tout.
> Sieyès.

De la Puissance du Suffrage universel

A l'époque où Sieyès écrivit les paroles qui précèdent, le tiers-état, c'est-à-dire le peuple, n'était rien en effet, si ce n'est une multitude taillable et corvéable à merci.

Depuis lors, le tiers-état ou peuple, qui représente la grande majorité de la nation, a beaucoup amélioré sa situation politique et sociale et, s'il n'est pas encore arrivé à être tout, comme le veut l'abbé Sïéyés, c'est qu'il n'a pas suffisamment su, jusqu'alors, se servir de l'arme puissante dont il dispose pour arriver pacifiquement à ce résultat, devenu de plus en plus nécessaire, pour clore l'ère des révolutions.

Quelle est cette arme? Le suffrage universel.

Tel que je l'entends ici, le suffrage universel est le droit qu'à tout citoyen, jouissant de ses droits civils et politiques, de participer par ses votes aux affaires du pays.

Inutile de s'arrêter à discuter ici le principe de ce droit, aujourd'hui reconnu par tous les hommes qui n'ont pas un intérêt quelconque pour s'opposer à l'affranchissement des nations et à l'établissement durable de la liberté.

Qu'il me suffise de dire que les affaires du pays étant les affaires de tous, chacun a le droit d'y veiller et d'y participer, par cela même qu'il a le devoir de payer sa part de l'impôt et de défendre, au prix de son sang, les intérêts et l'indépendance de la patrie.

Je m'appliquerai plutôt à montrer par quels moyens les électeurs feront que le suffrage universel soit le point de départ de la prospérité publique et de la stabilité des institutions politiques, au lieu de devenir, entre les mains de la tyrannie, un instrument de honte et de ruine, comme cela est arrivé plusieurs fois, ainsi que je le montrerai plus loin.

Pour arriver à ce résultat, il faut que l'expression du suffrage universel soit honnête, sincère et éclairée.

Moraliser le suffrage universel des villes, éclairer celui des campagnes, tel est le but unique que je me propose en livrant au public les quelques considérations suivantes.

Avant d'entrer dans le cœur de la question, et afin de montrer quelle importance capitale a, dans la vie d'un peuple, l'exercice du suffrage universel, à quelles hontes il s'est associé et quels désastres il a entraînés, quand il a été aveuglé, faussé et soumis à une pression intéressée, je rappellerai brièvement quelques faits dont beaucoup des électeurs, pour lesquels j'écris, ont été témoins.

Des Erreurs du Suffrage universel

Le 2 décembre 1851, Louis-Napoléon Bonaparte, alors président de la République, viola la Constitution à laquelle, le 20 décembre 1848, il avait prêté serment au sein de l'Assemblée constituante, à la face de Dieu et du peuple français. L'Assemblée, issue du suffrage universel, fut dissoute, et les représentants du peuple, restés fidèles à leurs devoirs furent, malgré leur caractère inviolable, arrêtés chez eux pendant la nuit, puis emprisonnés ou déportés. Le peuple de Paris ne put contenir son indignation et fut mitraillé le 4 décembre.

Le 20 du même mois, 7,500,000 électeurs approuvaient celui qui s'était parjuré pour conserver le pouvoir, au moment où ce pouvoir devait légalement lui échapper.

Ainsi, le suffrage universel s'associait à un grand attentat.

Bien que les électeurs n'aient pas connu, sous leur véritable jour, les événements de la capitale, bien qu'ils aient été trompés et terrorisés, le suffrage universel a compromis, ce jour-là, l'honneur de la souveraineté nationale. Que devaient donc faire les électeurs ? En appeler à la loi et déclarer déchu de la présidence de la République le criminel qui, de ses mains parjures, venait de déchirer la Constitution dans laquelle il était écrit :

« ART. 68. — Toute mesure par laquelle le président de la « République dissout l'Assemblée nationale, la proroge ou « met obstacle à l'exercice de son mandat, est un crime de « haute trahison. Par ce seul fait, le président est déchu de « ses fonctions, les citoyens sont tenus de lui refuser obéis- « sance ; le pouvoir exécutif passe de plein droit à l'Assem- « blée nationale. »

Que de malheurs eût épargné à la France le peuple français, s'il avait fait son devoir en ces jours néfastes !

Pendant toute la durée de l'empire, le suffrage universel a été aveuglé et influencé, pour ne rien dire de plus. Sans m'arrêter à énumérer les moyens, si souvent flétris, dont se servait le régime déchu pour opérer, à chaque ouverture du scrutin, une sorte d'escamotage moral, auquel s'ajoutait parfois l'escamotage matériel, de la puissance nationale, arrivons au plébiscite du 8 mai 1870.

Tous les corrupteurs et les corrompus de l'empire crièrent alors à tue-tête : « Votez *Oui* et vous aurez la paix, la prospérité, la liberté. Voter *Non*, c'est demander la guerre, la ruine et l'anarchie. »

Le peuple a voté *Oui* à une immense majorité. Qu'a-t-il recueilli pour ce haut fait d'aveuglement ? La moisson n'est pas encore complète ; mais assurément ce pauvre peuple n'a eu, ni la paix, ni la prospérité. Quant à la liberté, elle est bien compromise, et c'est au suffrage universel qu'il appartient de la sauver et de l'affermir.

Mais si, par impossible, le peuple avait voté *Non* au 8 mai, qu'aurait-il eu ? Je ne sais.

L'inventeur de cette comédie, qui devait sitôt amener une si épouvantable tragédie, ne le dit pas.

Il annonce seulement :

« Si vous votez *Oui*, je continuerai à être empereur. J'aurai, comme par le passé, un Sénat que vous paierez 30,000 francs par tête, pour penser que je suis un grand scélérat et pour vous faire croire que je suis un grand homme. Vous aurez des représentants que j'aurai soin de faire choisir parmi mes amis. Vous ne paierez pas plus d'impôts que précédemment, à moins pourtant qu'il ne me prenne fantaisie de chercher querelle à quelqu'un de mes voisins. Car il est bien entendu que je conserve seul le droit de paix ou de guerre. »

L'homme ayant conservé le moindre instinct d'honnêteté se serait cru forcé d'ajouter :

« Si vous votez *Non*, je verrai bien que je ne suis plus l'homme *providentiel*; que vous avez fini par découvrir que je n'avais jamais été qu'un conspirateur, un évadé de prison, un policeman, un parjure, que j'ai mitraillé le peuple sans sommation, que j'ai proscrit, condamné, déporté, fusillé, que j'ai violé la loi, que j'ai étouffé la justice, que j'ai associé à ma honte et à mes crimes l'armée et la magistrature, ces deux gloires de la France. »

J'ai dit plus haut « si par impossible ». En effet, si les électeurs avaient dû dire *non*, on ne les aurait pas consultés. Mais le futur héros de Sedan, qui méditait des conquêtes, avait calculé, avec une exactitude presque mathématique, le nombre des *oui* qui devaient sortir de l'urne. N'avait-il pas ses armées de mouchards, payés sur les sueurs du peuple pour espionner et corrompre ce même peuple ? N'avait-il pas ses fonctionnaires, ses gendarmes, ses maires, ses gardes-champêtres et jusqu'à ses voyous pour faire la grande charge au jour de la bataille. Et l'on appelle cela consulter le pays ! L'histoire ne dira pas consulter, mais tromper.

Pauvres électeurs ! Puissiez-vous profiter des dures leçons que vous venez de recevoir. Les désastres de la France sont dûs, jusqu'à un certain dégré, à votre indifférence et à vos erreurs. Que la vue de ces désastres vous inspire le désir de les réparer et de les empêcher à l'avenir.

Deux lignes de digression.

Tous ceux qui ont servi l'Empire y ont contracté une maladie incurable : l'aveuglement.

Au moment des élections municipales, je me rappelle avoir lu la proclamation d'un ancien conseil municipal de l'Empire. Elle était rédigée avec un sérieux qui m'a fait rire. Et vraiment dans ces jours de tristesse et de deuil, on ne rit pas sans motif.

En voici le sens, sinon le texte. « Electeurs, dans quelques jours, vous allez être appelés à un acte important : les élections municipales. Gardez-vous d'y mêler la politique qui corrompt tout ce qu'elle approche. Oubliez les antécédents politiques des candidats qui se présentent à vos suffrages. Choisissez de bons administrateurs comme nous. »

Au jour du scrutin les électeurs ont répondu :

« Mais, farceurs, nous en avons tâté de votre administration, vous aviez trouvé nos finances prospères et vous avez endetté notre ville de plusieurs millions. »

Et ils ont élu la liste républicaine indépendante dont aucun nom n'avait été mêlé à l'agiotage impérial. Ceci promet pour l'avenir du suffrage universel.

Bien que faites sous la surveillance des baïonnettes prussiennes, les élections de février sont les plus libres que nous ayons vues depuis longtemps ; néanmoins elles ne furent ni complètes, ni réfléchies, comme je le ferai voir lorsque je parlerai de l'Assemblée nationale.

Des Devoirs de l'Électeur.

Pour remplir ses devoirs d'électeur, il ne suffit pas d'aller déposer un bulletin dans l'urne au jour du vote. Ces devoirs sont multiples, importants et entraînent des obligations avant, pendant et après le vote.

Tout électeur vraiment jaloux de ses droits, de ses intérêts et de ceux de son pays doit, avant les élections, employer tous les moyens pour s'éclairer sur la valeur, le caractère, les aptitudes, les antécédeets et les opinions du candidat ou des candidats qui doivent gérer pour lui et son nom les affaires publiques. Quand il ne connaît pas suffisamment les hommes auxquels il a l'intention de donner sa voix, il doit se renseigner aussi minutieusement que s'il s'agissait pour lui de confier à quelqu'un sa fortune, son honneur et l'avenir de ses enfants. Mais pour se renseigner, à qui doit-il s'adresser de préférence ? A tous les hommes connus par l'honorabilité de leur caractère, par l'estime de leurs concitoyens et chez qui les passions politiques n'ont pas étouffé ou paralysé l'impartialité et la droiture naturelles du jugement.

De ce qui précède, il résulte que les électeurs doivent porter leurs préférences sur des hommes habitant leur propre pays, ce qui donne plus de facilités pour les connaître et les apprécier, à moins qu'il ne s'agisse de citoyens assez importants pour être connus de la France entière.

Ce qu'il importe par dessus tout d'éviter, ce sont les influences intéressées que ne manquent jamais de vouloir exercer les courtiers d'élections : les uns agissent pour le compte du gouvernement; les autres pour celui de telle ou telle personnalité qui représente un parti politique avant de représenter le grand parti de la France. En général, il faut se défier de tous les gens qui n'attendent pas qu'on demande leur avis.

Parmi les hommes dont les conseils doivent être le plus suspectés, je crois devoir signaler aux électeurs :

1° Les exaltés ou utopistes, vulgairement connus sous le nom de rouges, socialistes, communistes, lesquels ne sont ordinairement que des ambitieux cachés sous le masque d'un désintéressement antique et d'un dévouement absolu à la chose publique. Évincés de tous les régimes, ils déblatèrent contre tous les gouvernements, flattent les passons du peuple et cherchent à l'enivrer par le mirage de leurs utopies, pour le pousser vers les révolutions qu'ils espèrent toujours exploiter à leur profit. Ces hommes sont particulièrement à craindre dans les grandes villes et c'est sur les ouvriers qu'ils ont coutume d'opérer. La liberté, c'est la licence et la fortune pour eux et pour les autres la misère et l'esclavage.

2° Les membres du clergé.

C'est surtout dans les campagnes que se fait sentir l'influence du clergé, lequel tend sans cesse à faire rétrograder les idées nouvelles vers les principes usés et si souvent abusifs du droit divin et de la monarchie traditionnelle. Le prêtre, créé pour instruire l'homme sur ses destinées futures et l'aider à mourir, ne doit jamais se mêler de politique. C'est en associant aux intérêts de Dieu les intérêts du monde

suscité de nombreux et cruels ennemis, de-
..re-coup les ennemis de la religion.

..ends pas cependant que tous les prêtres soient
..naires et ennemis d'une sage liberté ; mais il en est
. du plus grand nombre et ce n'est pas à eux que j'adres-
..rai les électeurs qui auront à se faire conseiller. Le simple
curé , sorti du peuple, oublie parfois son origine parce qu'il
reçoit ses inspirations du haut clergé et a , le plus souvent ,
son couvert mis chez le marquis, son voisin, en compagnie
duquel il s'habitue à regretter le bon vieux temps, c'est-à-dire
les priviléges et les abus d'autrefois.

Ces deux premières catégories de citoyens sont également
fatales aux intérêts du peuple, la première par ses convoitises
toujours inassouvies, la seconde par ses regrets sans cesse
renaissants.

3º Les hommes payés par tel ou tel parti et que j'ai dési-
gnés plus haut sous le nom de courtiers d'élections.

Ceux-là ne sont à redouter que des hommes complètement
ignorants ou aveuglement indifférents. Les électeurs qui ont
le moindre respect d'eux-mêmes et le plus faible amour de la
patrie les mépriseront et tourneront le dos au parti qui donne
la mesure de sa moralité en faisant ainsi trafic de la conscience humaine.

4º Enfin, la catégorie la plus redoutable, parce qu'elle est
la plus nombreuse et à la fois répandue à la ville et à la campagne, comprend les fonctionnaires, employés et agénts de
tout rang au service de l'Etat.

Les uns sont habitués à défendre le gouvernement, même
dans ses travers et ses injustices. Les autres , et ce sont les
plus influents, regrettent le régime impérial, qui avait acheté
leur conscience et leur concours au prix de gros traitements.
Ce n'est pas là que les électeurs rencontreront l'indépendance
du caractère et l'impartialité dans les appréciations.

A cette classe de citoyens qui font de la propagande, il est
bon de rattacher les anciens dignitaires et fonctionnaires de
l'empire, actuellement privés de leurs emplois ou sinécures.
De prime-abord, on pourrait croire que les folies de l'empire, la honte de sa chute, le mépris général dans lequel est
tombé tout ce qui se rattache à ce gouvernement suffiraient
pour éloigner des intrigues les ultra-fidèles du regime impé-

rial. Il n'en est rien. Ces hommes sont dressés de longue date à toutes les roueries, à toutes les bassesses, à tous les affronts et à tous les embauchages. Une longue prospérité, une profonde corruption, une servitude délétère leur ont enlevé le vrai sentiment des choses et toutes les pudeurs, même celle de la honte: « Que nous importent, se disent-ils, les défaites, les souffrances, la ruine et le désespoir de la France, si nous pouvons remonter au pouvoir. Vive la guerre civile, si la guerre civile peut favoriser nos projets, couvrir nos intrigues et nous aider à relever le gouvernement qui sait seul utiliser nos talents, comppendre et satisfaire nos besoins. » Pendant ce temps, l'homme qui a employé à conspirer les jonrs qu'il n'a pas passés sur le trône ou en prison, l'homme de Strasbourg, l'homme de Boulogne, l'homme de Ham, l'homme de Décembre, l'homme de Sedan guide sa meute de sa vieille expérience et la paie de l'or qu'il a prudemment *économisé* pendant son règne.

Je me suis peut-être trop appesanti sur un régime qui laisse après lui assez de hontes et de désastres pour n'inspirer que haine et que mépris, mais il est bon de mettre les électeurs trop crédules en garde contre les ruses, les flatteries et les mensonges des bonapartistes.

Je résume en deux mots les devoirs de l'électeur avant le jour du scrutin. Se renseigner sur les hommes qu'il doit choisir, auprès de tous les citoyens éclairés, honnêtes, dévoués à leur pays et n'ayant aucun intérêt à tromper.

Au jour du vote, les convictions de l'électeur doivent être faites, son choix arrêté. Son devoir, ce jour-là, se borne à se rendre au scrutin pour y déposer son bulletin, dédaignant les avances de tous les partis, lesquels redoublent au dernier moment d'audace et d'activité.

Lorsque l'électeur a voté, sa tâche n'est pas achevée ; il n'a pas le droit de dire : « J'ai rempli mon devoir suivant ma conscience ; maintenant, à la grâce de Dieu. »

A partir du jour où l'électeur s'est choisi des mandataires, il doit, pour ainsi dire, les suivre pas à pas et surveiller leur conduite politique, surtout pendant les sessions de la Chambre. Tous les députés ne peuvent être orateurs, mais tous doivent voter ; ils participent ainsi aux affaires du pays, affirment leurs principes, justifient ou trahissent leurs professions de foi. C'est donc une obligation pour les élec-teurs de savoir comment ont voté leurs représentants, surtout quand il est fait une loi fondamentale, pris une grande résolution, demandé une juste réforme.

Pour se renseigner à cet égard, l'électeur a les journaux ; celui qui ne les peut lire peut toujours s'informer auprès de celui qui les lit. Tout député qui a failli à ses pro-messes, à son programme ou à ses principes ne doit jamais être réélu.

Qualités des députés.

Quels seront les meilleurs députés ? Evidemment ceux qui feront le mieux les affaires du pays. Et les citoyens qui pré-sentent le plus de garanties à cet égard, sont ceux-là même qui font le mieux leurs propres affaires, pourvu toutefois, et là est la difficulté, qu'ils aient un sincère dévouement à la chose publique.

Je n'entends pas recommander, comme faisant le mieux ses affaires, celui qui fait le plus vite fortune, quels que soient d'ailleurs les moyens par lui employés. Loin de là. Je veux désigner l'homme qui sait veiller à ses intérêts avec intelligence et activité, honneur et probité, qui sait allier à une sage économie un généreux désintéressement ; l'homme aussi éloigné d'une sotte prodigalité que d'une étroite avarice ; l'homme qui n'a d'autre ambition que celle de faire son devoir, d'autre but que celui d'être utile à sa famille et à ses concitoyens ; l'homme qui a le courage de dédaigner les honneurs, de mépriser la flatterie, de détester les faveurs, d'honorer le mérite ; l'honnête homme en un mot qui ne connaît d'autre guide que la justice, le droit, l'honneur et la probité.

Un député de ce caractère n'abusera jamais de son man-dat, ni pour arriver au pouvoir, ni pour se créer une vaine popularité ; il ne se fera ni flatteur, ni mécontent, ni tyran, ni esclave. Combien de beaux et de sérieux talents sont tombés dans le mépris ou l'oubli pour avoir suivi l'une ou l'autre de ces deux voies, si attrayantes au début et bientôt si pleines de déceptions, tant il est qu'il n'y a rien de durable qui n'ait pour principe la justice et la vérité.

Electeurs, défiez-vous des candidats qui font de brillantes promesses ; dédaignez ceux qui, pour s'attirer des suffrages et la sympathie, s'engagent à faire reconstruire une église par ci, une maison d'école par là, à répandre partout de nombreuses faveurs. C'est là le fait de gens qui sentent leur infériorité. Le vrai mérite attend qu'on le vienne chercher. Le citoyen qui a le sentiment de sa valeur, rougirait d'avoir recours à ces coupables réclames, lesquelles, pour rester le plus souvent sans effet, n'en aident pas moins à réussir, tant est profond l'abîme d'aveuglement, de corruption et d'égoïsme où nous sommes tombés. Le représentant honnête et dévoué saura, sans en faire la promesse, obtenir pour sa contrée tous les avantages équitables, tant qu'ils ne seront pas contraires aux intérêts généraux du pays.

Quand donc serons-nous assez régénérés pour mépriser tous les corrupteurs qui n'ont d'autre recommandation que la promesse d'une faveur ? La faveur ne peut exister sans l'abus. Or, l'abus qui satisfait les passions ou les convoitises du petit nombre, lèse les droits de la majorité, excite les colères, armeles rancunes, réveille les haines et, le moment venu, soulèveles révolutions.

Paysan, toi qui n'aimes pas les révolutions, ne vote pas pour les charlatans du suffrage universel. Ne vote pas pour ceux qui entendent vivre et faire vivre leurs partisans de priviléges et d'abus. Les gens qui ont intérêt à le faire, te diront que ce sont les voleurs, les assassins, les déclassés, les échappés de bagne et les évadés de prison qui font les révolutions. Grossière erreur. Ils s'y mêlent, cherchent à en profiter, les perdent et les déshonorent, mais ils ne les font pas et ne les pourraient jamais faire. Car, pour l'honneur de la France, ces gens-là ne forment qu'un atôme au milieu de la nation. J'affirme même que ce qui vient de se passer à Paris ne fait pas une exception. Les neuf-dixièmes des gardes nationaux fédérés ou insurgés pensaient, au début, se battre pour empêcher le retour de la royauté et affirmer leurs sympathies pour la République. Le reste était composé de l'écume de toutes les nationalités, plus quelques cupides

ambitieux qui ont adroitement exploité les premières mala-
dresses de la Chambre. Les crimes qui ont marqué la fin de
cette guerre civile sont épouvantables, si épouvantables que
l'histoire des peuples n'en a jamais enregistré de pareils.
Mais, dans cette fureur de destruction et d'atrocités, pour
combien faut-il y compter les étrangers ? Quelle part faut-il
attribuer à l'ivresse, au désespoir et principalement à cette
surexcitation si voisine de la démence qu'elle en présente
tous les caractères.

Que j'aime à voir certains journaux qui représentaient
complaisamment le prince impérial saluant les balles prussiennes, qui plus tard croyaient démonter les canons Krupp
avec des mots furibonds et des phrases belliqueuses s'imagi-
ner aujourd'hui que quand ils auront traité Cluseret d'amé-
ricain, Rossel d'aventurier, Dombrowski de faussaire,
Grousset de pédant, Pyat de lâche et Rochefort de lâcheur,
la Révolution sera tuée pour toujours. *Requiescat in infa-
miâ*. Oui, elle dormira pour un temps, mais se réveillera avec
toutes ses horreurs et ses infamies, le jour où vous lui aurez
préparé un nouveau champ de bataille.

Qui donc tuera la révolution et si bien qu'elle ne puisse
ressusciter ? — Qui ? — Nous, électeurs.

Oui, laboureurs, ouvriers, commerçants, industriels, ren-
tiers, vous tous qui voulez vivre heureux et tranquilles dans
une patrie glorieuse, vous tous qui voulez que la propriété
soit au propriétaire légitime et le bien-être à celui qui le
cherche dans le travail, du jour où vous saurez choisir, pour
représentants, des hommes qui détrôneront l'erreur, l'aveuglement, la flatterie, l'injustice, l'arbitraire, l'égoïsme, la faveur, les abus pour mettre à la place de toute cette gangrène
qui ronge sourdement les vertus d'une nation, la vérité, la
prudence, la franchise, la justice, la loi, le désintéressement,
le mérite, le droit ; ce jour-là la révolution sera morte et
bien morte. La révolution est un effet. Tuez la cause, l'effet
disparaît.

Il faut donc que nos représentants ne prennent conseil que
d'une sagesse et d'un patriotisme incorruptibles. Il faut qu'ils
aient le courage de faire taire leurs passions et leurs intérêts
devant les droits et les intérêts du pays. Ce n'est pas chose
facile de trouver des hommes d'une intelligence à la hauteur

de leur mission et d'un désintéressement qui égale la grandeur de leurs devoirs. Quoique, dans toutes les élections, les candidats soient nombreux, il en est peu qui présentent les garanties nécessaires d'indépendance, de sagesse, d'intelligence et de patriotisme.

Voulez-vous savoir si un homme mérite vos suffrages ? Jugez-le, non d'après ses promesses et ses paroles, mais d'après son passé, son caractère, ses actes, la réputation dont il jouit, le degré d'estime qu'il s'est acquise. S'il n'a d'autre recommandation que d'avoir paisiblement dépensé les revenus qu'il tenait de ses pères, craignez qu'il ne soit nul, borné, rempli de préjugés, d'indifférence et d'entêtement. A cet inutile, préférez l'homme qui a lutté avec les difficultés de la vie, qui a acquis de l'expérience, mûri son jugement, qui, enfin, libre de tous préjugés, connaisse les aspirations de la bourgeoisie et les besoins du peuple. Qu'il soit l'homme de la France, avant d'être celui d'un parti, car s'il veut faire exclusivement les affaires du comte de Chambord, du comte de Paris, ou de Napoléon, il est rare qu'il puisse du même coup faire avec désintéressement celles du pays. Il suit de là que tout bon citoyen refusera ses suffrages au candidat ayant des liaisons manifestes avec les prétendants dont les menées égoïstes, pendant la guerre étrangère d'abord, et la guerre civile ensuite, ont si profondément blessé tout cœur vraiment français.

De la Chambre actuelle.

L'Assemblée nationale a-t-elle le droit de se déclarer Constituante ?

Non.

Beaucoup, et des plus compétents en la matière, souriront peut-être de pitié et taxeront de prétentieuse cette manière de trancher si nettement la question.

La Chambre, issue du suffrage universel, doit nécessairement reconnaître le principe du suffrage universel. Si elle est souveraine, elle tient sa souveraineté des électeurs et ne peut légalement l'exercer au-delà de la limite qu'ils ont eu l'intention de lui assigner. J'ai entendu un député dire plaisamment : « Nous sommes souverains, M. Thiers nous le dit tous les jours. » M. Thiers connaît le faible du cœur humain et la différence qu'il y a, en politique, entre la valeur des mots et celle des actes ; il a dit à la Chambre qu'elle était souveraine chaque fois qu'il a voulu calmer son impatience, ou qu'il l'a soupçonnée de vouloir outrepasser ses pouvoirs.

Quant à la limite qui doit être assignée aux pouvoirs ou à la souveraineté de l'Assemblée nationale, c'est affaire de bonne foi.

J'ai à dessein demandé à cet égard l'avis de quantité d'électeurs, pris au hasard. Tous, oui, tous sans exception, m'ont invariablement répondu dans le même sens :

« Nous avons élu une Chambre pour trancher la question de paix ou de guerre. Et comme nous étions fatigués d'une lutte à laquelle nous ne voyions aucune chance d'issue favorable, nous avons en général choisi des partisans de la paix. »

Ainsi, ce n'est pas moi qui réponds : Non.

Il se rencontre cependant, pour soutenir la thèse contraire, des journaux et des journaux se disant libéraux.

Qui a tort ? Qui a raison ?

Je le répète : c'est affaire de bonne foi et aux électeurs de décider. Il faudrait donc au moins là-dessus consulter le pays. Mais le pays a déjà parlé et les élections municipales sont là qui disent aux plus aveugles et aux plus entêtés de l'Assemblée :

« Vous êtes les élus du Suffrage universel tronqué, épouvanté, irréfléchi ; nous, nous sommes le Suffrage universel calme, éclairé et remis de ses frayeurs. Vous voulez la monarchie ; nous, nous demandons la République ; nous avons été exploités et trompés ; nous sommes las des révolutions. Nous voulons une République sage, durable, où les lois seules commandent et soient obéies de tous, où aucun ne puisse s'élever assez pour les pouvoir fouler aux pieds. Il serait téméraire à nous de préjuger, et nous laissons à l'histoire le soin de démêler au milieu de cette inextricable confusion de passions diverses, d'intérêts contraires et d'évènements rapides, la part de responsabilité qui doit incomber dans les épouvantables catastrophes de la guerre civile et de la ruine de Paris à la tyrannie de l'empire, à l'impéritie du commandement militaire pendant le premier siége de la capitale, à la faiblesse du gouvernement après les émeutes des 31 octobre 1870 et 22 janvier 1871, à l'imprudence du négociateur qui a voulu conserver ses armes à la garde nationale, à l'or de l'étranger, enfin à plusieurs actes impolitiques de l'Assemblée et peut-être aussi à l'invincible obstination avec laquelle elle a toujours repoussé *à priori* toutes les propositions et les moyens de conciliation. A l'histoire de décider si, de ce que l'insurrection était alimentée par l'écume de tous les peuples et les bandits de toute catégorie, la Chambre devait exposer Paris à la ruine et, par le désespoir, pousser les égarés à devenir eux-mêmes des criminels. Peut-être jugera-t-elle les évènements de façon que la vérité se montrera à la fois terrible et honteuse pour Paris, triste pour l'Assemblée, lamentable pour la France.

« Quant à nous, ce que nous pouvons déclarer dès aujourd'hui, c'est que si votre obstination à prolonger un mandat expiré avec la conclusion de la paix entraîne de nouveaux malheurs, la nation n'attendra pas le jugement de l'histoire pour vous en demander un compte sévère. »

Ainsi parlent les élections municipales et nous renvoyons ceux qui ne sont pas encore complètement édifiés sur l'opinion du pays aux nombreuses pétitions rapportées à la Chambre dans la séance du 27 mai.

La Chambre n'est donc plus et n'a peut-être jamais été politiquement l'expression fidèle des aspirations du pays. Les élections ont été libres et spontanées, si on veut ; mais ni complètes ni réfléchies. Beaucoup d'électeurs poussés hors de leur département, soit par les circonstances, soit par les exigences du service militaire ont voté aveuglement, ou et celui qui écrit ces lignes est du nombre, ont préféré s'abstenir que de hasarder leur vote, ce qui est une imprudence toujours coupable et souvent désastreuse. Demandez donc aux mobiles et aux mobilisés comment ils ont voté et si seulement leurs chefs de corps ont pris soin de leur faire connaître le nom de tous les candidats. Et comme à 100 ou 200 lieues de leur pays et avec des communications ou interrompues ou difficiles, ils étaient bien en mesure de se renseigner sur les candidats qu'on leur désignait.

Finissons-en rapidement avec la Chambre par une anecdote, comme l'opinion publique voudrait, selon les apparences, qu'elle en finit elle-même avec son mandat par une loi électorale provisoire.

Un jour que je cherchais à interroger l'opinion publique sur la Chambre, j'eus avec un vieillard de la campagne, un vrai rural, la conversation suivante :

— Eh bien, mon brave, que dites-vous des affaires ?

— Ah ! Monsieur, je ne sais pas ; ce serait bien plutôt à vous, qui lisez les journaux, à me renseigner.

— Que voulez-vous, je ne sais : L'empire a perdu la France, les rois sont passés de mode et les Parisiens sont en train de démolir la République.

— Mais pourquoi ne pas garder la République, puisque nous l'avons, reprit-il sans hésitation. Ça nous est bien égal à nous, pourvu que nous soyons tranquilles et qu'on n'augmente pas les impôts.

— Et si la Chambre vous ramenait un roi, que diriez-vous ?

— Ma foi, si ça allait bien, je ne dirais rien, car je n'aime pas les *mots* ; mais, s'il nous mettait encore dans la *barbouillée*, je dirais à la Chambre qu'elle ne nous a pas demandé la permission de le ramener. Et puis, j'ai deux fils prisonniers en Prusse ; ils vont revenir et je ne serais pas fâché de les voir donner aussi leur avis là-dessus ; car ça les regarde encore plus que moi. J'ai 73 ans et je n'en ai pas pour longtemps.

Les ruraux ne sont pas aussi bornés qu'on le voudrait faire croire ; ils ont plus de bonne foi et de loyauté politique que leurs élus. Il est vrai qu'ils n'ont pas, comme ceux-ci à la Chambre, un siége qu'ils craignent de ne plus retrouver, s'ils l'abandonnent.

De la meilleure forme du Gouvernement.

Au lieu de chercher à résoudre cette question, qu'il me soit permis de terminer par la reproduction d'un article extrait du *Temps*, un des journaux politiques les plus sensés et les plus impartiaux :

« Il est des moments où il semble impossible que tout le monde ne s'unisse pas pour défendre l'établissement politique actuel. Conservateurs ou libéraux, nous y avons tous le même intérêt patriotique. Ce sont des questions de forme et par conséquent secondaires qui nous divisent ; mais dès que nous regardons au fond, c'est-à-dire au salut et aux libertés de la France, il devient évident que nous devons nous entendre pour maintenir le présent gouvernement. Nous le devons, parce que, bon gré mal gré, toute autre forme aurait pour effet de substituer un parti à la nation. Et nous le pouvons parce que le gouvernement étant un simple gouvernement de fait, laisse tous les principes dans l'intégrité de. leurs prétentions théoriques.

« Et cependant ce modeste et utile gouvernement de fait, seul régime sous lequel nous puissions travailler en commun au relèvement du pays, est assailli de tous les côtés. Tous les partis conspirent contre lui. Bonapartistes, légitimistes, républicains, ont l'air de s'entendre pour le saper, et de préférer le triomphe d'un parti quelconque à un ordre de choses dont le mérite est précisément de ne constituer ni vainqueurs ni vaincus ?

. . . .

« Que de fois nous nous sommes demandé si le malentendu était sans remède, si la voix du bon sens et du patriotisme ne pourrait rien pour dissiper les préventions.

« Nous laissons de côté le bonapartisme. Nous avouons franchement ne point avoir d'argument à son usage. Le bonapartisme n'est pas un parti, mais une intrigue ; il n'est pas un système, mais un assouvissement des ambitions personnelles ; pas un gouvernement, mais une exploitation. A quoi servirait-il d'en appeler à des idées politiques ou à des sentiments désintéressés, là où nous sommes condamnés à rencontrer la cohue des impitoyables égoïsmes ?

« Il n'en est pas de même des légitimistes. Avec eux du moins on se sent sur le grand terrain de la moralité humaine. Le malheur, c'est qu'il ne s'en tiennent pas là, mais s'élèvent aussitôt dans les régions mystiques. Leur croyance politique, ils seront les premiers à le reconnaître, est pour eux une religion. Elle n'est pas seulement liée à leur foi par une affinité naturelle, elle en fait partie. L'attachement à la branche aînée et l'attachement à l'Eglise se fondent, pour eux, en un même sentiment de fidélité aveugle et chevaleresque. De là l'intolérance des légitimistes ; car la foi a beau faire, elle est toujours intolérante. Quand on est le dépositaire de la vérité révélée, de la vérité hors de laquelle il n'est point de salut, il est difficile de supporter les dissidences, et plus encore, d'accepter les compromis. C'est ainsi que les légitimistes sont arrivés à faire une question de principe de ce qui semblait n'être qu'une question de forme de gouvernement. La France, à leurs yeux, ne saurait retrouver les conditions de l'ordre social aussi longtemps qu'elle ne rentrera pas dans les conditions de l'ordre religieux, c'est-à-dire aussi longtemps qu'elle ne rappellera pas le prince que Dieu a chargé de nous gouverner. D'où il suivrait aussi que, ce prince une fois rétabli sur le trône de ses pères, la France devrait infailliblement se relever, clore l'ère des révolutions, reprendre son rang en Europe... Mais on insiste moins sur ce côté des choses, puisque enfin l'ancienne monarchie n'était pas parvenue à empêcher, tous les maux, ni même sa propre chute, le plus terrible de tous. Quoi qu'il en soit, voici donc ce que c'est que l'opinion légitimiste : une institution de gouvernement élevée à la hauteur d'une révélation religieuse, et la politique, par conséquent, devenue affaire d'orthodoxie. Il n'est pas facile, on le comprend, de s'entendre avec un programme de cette espèce, puisqu'il s'agit de foi, et que la foi ne se commande pas, ne se discute pas même. Et pourtant, il semble qu'il y aurait moyen de se rapprocher ; car si la légitimité est un dogme, les légitimistes ne peuvent cependant oublier tout à fait qu'il sont ici sur le terrain de la politique, qu'il s'agit d'agir sur les hommes et que, pour agir sur eux, il faut commencer par les prendre tels qu'ils sont. . . . .

. . . .

« Le pays n'est pas légitimiste ; c'est un tort, — nous le voulons ; il y reviendra, à la bonne heure, mais en attendant, et jusqu'à ce que les légitimistes aient réussi à ramener l'amour de l'ancien régime dans le cœur de nos paysans et de notre bourgeoisie, ils sont bien obligés de s'accommoder d'un provisoire quelconque, et, pour cela, de s'entendre avec de moins orthodoxes qu'eux. Ne pouvant du premier coup avoir le mieux, force leur est de se contenter du moins mal. Pour le coup, voilà le terrain que nous cherchions, trouvé ! Qui les empêche de se joindre à nous pour tirer parti de ce que nous avons en ce moment ? La République, c'est un régime qui a mauvaise réputation, mais enfin c'est ce qu'il y a encore de moins compromettant. La République, c'est le gouvernement des peuples qui n'en ont pas d'autre, ce peut donc être aussi le gouvernement du peuple qui en attend un autre. Va donc pour la République ! C'est ainsi qu'on pouvait se concerter pour aller au plus pressé, le pansement des plaies de la France. On laisserait, d'un commun accord, de côté, les questions de forme pour ne s'occuper que du fond : la paix sociale, l'ordre, le travail, les bonnes finances, l'instruction publique. On n'abandonnerait pas ses convictions, mais on les réserverait. La République laisserait dormir les droits de l'homme, et la légitimité des droits de la dynastie. Ou, du moins, chacun s'en remettrait, pour le triomphe de ses idées particulières, à la puissance naturelle des idées vraies. Il n'y aurait qu'un mot d'ordre : La patrie en danger, la patrie à sauver. . . . .

« Irait-on bien loin dans cette voie ? On irait aussi loin et aussi longtemps que les intérêts publics l'emporteraient sur les intérêts de partis. Seulement, il faut bien le reconnaître, c'est ici que se présente la vraie difficulté. Si la France se sauvait ainsi provisoirement et toute seule, il se trouverait qu'elle a fondé la République, car la République n'est autre chose que le pays se tirant d'affaire lui-même. Et si la République s'établissait ainsi de fait, il se trouverait qu'elle a établi en même temps son droit, car il n'est pas de droit supérieur au bien des peuples. De sorte que le parti légitimiste est enfermé dans la plus cruelle des contradictions ; ne pouvant travailler au salut du pays en lui rendant la légitimité, puisque le pays n'est évidemment pas mûr pour un si grand acte de foi et de contrition, et ne pouvant pas davantage travailler au salut du pays en dehors de la légitimité, puisque tout ce qui se ferait sans elle tournerait nécessairement contre elle.

« Nous plaignons sincèrement les légitimistes. »

Ainsi le bonapartisme ne mérite pas qu'on s'occupe de lui,

Les orléanistes et les légitimistes ayant opéré leur fusion (ce dont je plains les premiers s'ils conservaient quelqu'espoir) il ne reste plus que deux choses : la royauté héréditaire et la République.

La royauté, c'est le passé avec ses priviléges, ses folies et ses abus, c'est le passé avec Louis XIV et Louis XV, disant le premier : « l'État, c'est moi ; » et le second par la bouche de sa maîtresse « après moi le déluge. »

La République, c'est l'avenir, avec l'établissement nécessaire et durable du règne de la justice et de la vraie liberté.

Oui, mais, si nous voulons marcher en avant, ne nous contentons pas de crier : « Vive la République, » ce qui ne l'empêcherait pas de mourir; crions plutôt : « Vivent les vertus qui nous rendront dignes de la République. »

Ecoutez Montesquieu, celui dont on a dit qu'il avait retrouvé les droits du peuple perdus dans la nuit des temps :

« Il ne faut pas beaucoup de probité pour qu'un gouver« nement monarchique ou un gouvernement despotique se « maintiennent ou se soutiennent. La force des lois dans « l'un, le bras du prince toujours levé dans l'autre, règlent et « contiennent tout, mais, dans un état populaire, il faut un « ressort de plus qui est la *vertu* (1). »

Electeurs, voulez-vous la République, soyez dignes de la République, choisissez des représentants dignes de vous, et, la République qui existe de fait existera bientôt de droit.

Si des élections complémentaires ont lieu à la fin de juin, ou au commencement de juillet, ces élections n'auront pas raison d'être puisque l'Assemblée a terminé son mandat.

Que doivent faire les électeurs ? S'abstenir ? Non.

L'abstention est une désertion.

Que chaque électeur proteste par un bulletin blanc, absolument comme il aurait dû le faire au 8 Mai 1870.

---

(1) Montesquieu entend par ce mot, non pas vertu morale, mais vertu politique, c'est-à-dire, amour de la patrie ou amour de l'égalité.

52

9 782329 132327